Kleiner kranker
BALTHASAR

Von Susie Jenkin-Pearce

Carlsen Verlag · Reinbek

Die Geburtstagsfeier macht dem kleinen Elefanten Balthasar keinen Spaß. Nicht mal zum Blindekuhspielen hat er Lust.

Und er mag auch keinen Geburtstagskuchen essen.
»Ich glaube, ich bin krank«, flüstert Balthasar.

Der kleine Elefant läßt traurig die Ohren hängen und sieht ganz blaß und elend aus.

»Ich bringe dich lieber gleich nach Hause«, sagt die Katze.
»Nanu, wer malt denn da?«

Zu Hause kriecht Balthasar sofort ins Bett. Er zieht die Decke über sich und macht die Augen fest zu.

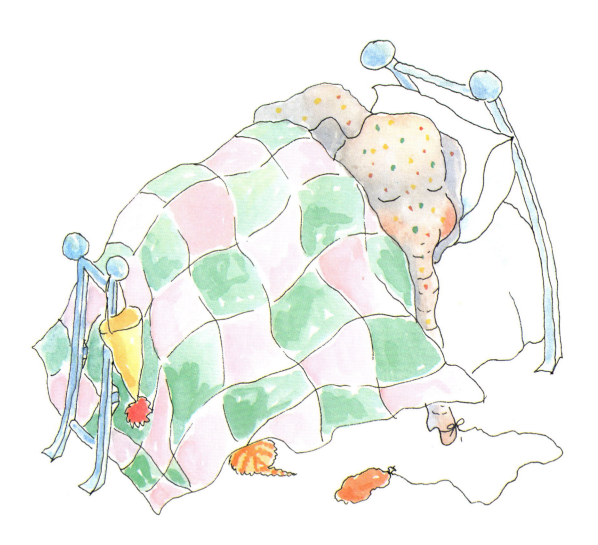

»Was fehlt dir eigentlich?« fragt die Katze nach einer Weile. »Ist dir übel? Oder hast du Kopfschmerzen… oder einen verstopften Rüssel?« »Alles zusammen«, wimmert Balthasar. »Und mir ist so heiß!«

»Du siehst so anders aus«, sagt die Katze, als sie Balthasar zum Fiebermessen das Thermometer in den Mund steckt. »Dein Gesicht ist ganz rot und geschwollen, und du hast überall Punkte!«

»Punkte!« schreit Balthasar voller Entsetzen.
»Punkte sind doch ganz in Ordnung«, sagt die Katze. »Sieh mich an, ich habe sogar Streifen!«
»Aber ich habe sonst *nie* Punkte…«, jammert Balthasar. »Oh, ich habe bestimmt eine ganz schlimme Krankheit, Masern oder so etwas.«

Da holt die Katze schnell Tante Lilo. »Herrjemine, Balthasar!« sagt Tante Lilo. »Bist du krank?«

Ganz klar, Balthasar hat Fieber. »Wir müssen mit dir zum Doktor gehen!« sagt Tante Lilo.
»Aber ich will nicht zum Doktor«, sagt Balthasar. »Mir geht es eigentlich schon wieder ganz gut.«

»Balthasar!« sagt Tante Lilo streng. »Der Doktor tut dir doch nichts! Er ist sehr nett. Außerdem bist du kein Baby-Elefant mehr!«

Ein Baby-Elefant will Balthasar natürlich nicht sein. Und so machen sie sich auf den langen Weg zum Doktor. Brrr, wie es regnet!

Das Wartezimmer ist sehr voll. Sie setzen sich auf die Bank, und als Balthasar all die kranken Tiere sieht, fühlt er sich mit einem Mal richtig schlecht. Da geht die Tür auf, und eine Frau im weißen Kittel ruft: »Der nächste, bitte! Ein kleiner Elefant, der Balthasar heißt!«

Der Doktor lächelt freundlich und ist wirklich ganz nett.
Vorsichtig macht Balthasar ein paar Schritte auf ihn zu.

»Balthasar geht es nicht gut«, erklärt Tante Lilo. »Sein Gesicht ist geschwollen, und die Backen tun ihm weh, und außerdem hat er Fieber und so kleine Punk…«

»Deine Punkte sind weg!« ruft Tante Lilo.
»Aber ich fühle mich immer noch krank«, sagt Balthasar leise.
»Na, wir werden uns das mal ansehen«, sagt der Doktor und drückt ihm etwas Kaltes auf die Brust.

Dann hebt er den kleinen Elefanten vorsichtig auf den Behandlungstisch, befühlt sein Gesicht und murmelt: »Das ist es also. Weißt du, kleiner Elefant, wenn du morgen früh aufwachst, geht es dir bestimmt wieder besser. Und wenn du dann in den Spiegel schaust, wartet eine schöne Überraschung auf dich.«

»Kranke Elefanten gehören ins Bett!« sagt Tante Lilo, als sie wieder zu Hause sind. Sie steckt Balthasar unter die Bettdecke, und er schläft sofort ein.

Als der kleine Elefant am nächsten Morgen aufwacht, merkt er, daß es ihm viel besser geht. Er springt aus dem Bett und saust zum Spiegel.
Und als er sein Spiegelbild sieht, stößt er einen Freudenschrei aus.

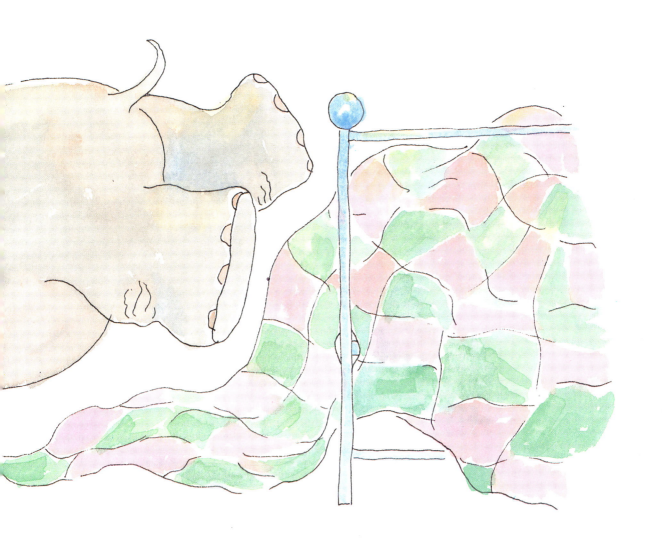

Er sieht ja ganz anders aus! Die roten, geschwollenen Backen sind verschwunden, und stattdessen glänzen ihm zwei wunderschöne, weiße Stoßzähne entgegen!

Aber das ist noch nicht alles: Tante Lilo und die Katze haben auch eine Überraschung für ihn!
Balthasar ist ganz stolz. »Siehst du, Tante Lilo, ich bin kein Baby-Elefant mehr!«

Lesemaus-Bücher

Bilderbücher für Kinder von 3... – hier findet jeder sein...

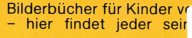
Kleiner kranker Balthasar

9783551082411.3

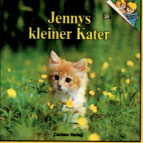

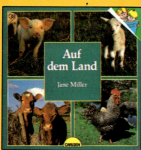
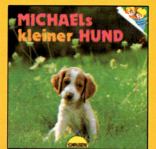

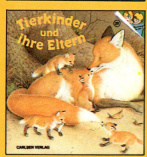

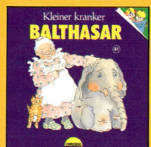

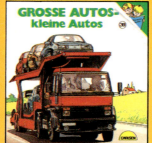

Carlsen Verlag · Reinbek

ISBN 3-551-08241-3